Mel-mel e Sem-mel

Etna Lacerda

Ilustração: L. Bandeira

Mel-mel, uma abelhinha muito esperta e cuidadosa, procura no jardim as melhores flores para retirar o néctar e fabricar o puro mel e colocá-lo em seu favinho.

Sem-mel é outra abelhinha da colmeia, porém muito diferente das demais. Ela não gosta de trabalhar, passa a manhã brincando e, no final do dia, seu favinho está vazio. Sem-mel tem outra dificuldade: não sabe escolher seus amiguinhos e gosta mais da companhia de moscas, mosquitos, baratas e outros insetos que vivem em lugares sujos e nada produzem.

Enquanto Mel-mel voa de flor em flor sentindo o aroma das rosas e jasmins, na busca do precioso néctar, Sem-mel se diverte escorregando nos montes de lixo, voando em torno de águas paradas, brincando de esconde-esconde em latas enferrujadas.

Senhor Mel-litão, o dono da colmeia, há muito tempo observava as atitudes de Sem-mel, que nunca produzia quantidade suficiente de mel, por isso, resolve ter uma conversa com ela:

— Sem-mel, todos na colmeia trabalham para um bem comum, isto é, produzir mel para fabricação de doces e xaropes. Você passa a maior parte do seu dia brincando com esses insetos desocupados, que não são boas companhias, pois vivem em lugares escondidos e perigosos. No final do dia, seu favinho quase não tem mel. Observe sua amiguinha Mel-mel: ela é a mais dedicada das abelhas e produz mel de boa qualidade.

Sem-mel ouve tudo calada, entretanto, no seu pensamento de abelhinha, fica uma pontinha de inveja:

¨Somente ela recebe os melhores elogios, até parece a rainha das abelhas.¨

À tarde, Sem-mel, como sempre, vai ao encontro de seus amigos insetos e conhece a mosca Zureta, que faz parte do bando "O Luxo do Lixo". Zureta fica muito admirada em ver uma abelha naquele lugar imundo e procura logo atraí-la para seu bando.

— Ei, bonequinha de mel! Por que está tão triste? Vamos procurar sacos de lixo, deve ter coisas boas por lá. Antes, prove um pouco desta deliciosa poção que eu encontrei. Isto vai fazer você voar mais alto por muito tempo e deixá-la mais animada.

Felizmente, Sem-mel não aceita ingerir nada que não conhece.

A astuta mosca e seu bando sugerem, então, entrar nas casas à procura de alimentos saborosos, mas estavam tão distraídos, que não percebem a nuvem de veneno que sai do vaporizador que a dona da casa joga em cima deles.

De repente, a mosca Zureta dá um berro:

— Veneno! Salve-se quem puder!

Apavorados, todos se espremem para sair pelo vãozinho da janela.

Depois do susto, Zureta procura acalmar Sem-mel que, não querendo mais saber de brincadeiras perigosas, conta-lhe a conversa que teve com o senhor Mel-litão, dono da colmeia. Sem-mel acha uma injustiça nunca receber um elogio.

— Não se preocupe, amiguinha, vamos dar um jeito para o seu mel ser melhor do que o dessa Mel-mel. Eu sei de um local onde se pode tirar mel prontinho sem trabalho algum.

Sem-mel gosta da ideia e voam juntas.

Chegando lá, Zureta diz:

— Olhe, mel prontinho e tem o mesmo sabor do mel retirado das flores. É só recolher uma porção em suas patinhas e levar até seu favinho que, rapidinho, estará cheio, e teremos bastante tempo para nos divertir.

— Que ótima ideia, Zureta, você é genial!

Ao final do dia, o Senhor Mel-litão vai recolher o mel para colocar nas garrafas, mas ao retirar o mel do favo de Sem-mel, nota uma diferença: estava cheio, mas não tinha brilho e não parecia gostoso quanto o puro mel. Dá, então, uma provadinha...

— Ora, ora, isto não é mel, é... melado!

Zureta havia enganado Sem-mel, pois aquilo era melado, uma calda grossa, parecida com mel, mas feita de açúcar. Imediatamente, o Senhor Litão chama Sem-mel e pede a ela que explique porque havia melado em seu favinho.

— Minha amiga, a mosca Zureta, disse que o meu mel seria o melhor e eu receberia muitos elogios. Quase não deu trabalho e sobrou bastante tempo para eu brincar com meus novos amiguinhos.

— Ouça bem, Sem-mel, a mosca Zureta não é sua amiga, pois lhe ensinou coisas falsas. Melado não é mel, é uma calda de açúcar que alguma pessoa fez. Para fazer o mel puro e verdadeiro, é só você trabalhar. E tenha certeza que será tão gostoso quanto o mel das outras abelhas. Você é capaz e, fazendo com carinho e sem pressa, receberá muitos elogios. Outra coisa, cuidado com essas companhias que a convidam para ir a lugares sujos, malcheirosos e perigosos, oferecendo substâncias desconhecidas para saborear.

Mel-mel, que ouvira a conversa, e vendo a amiguinha envergonhada de sua atitude e visivelmente arrependida, diz:

— Venha comigo, eu ajudo você a escolher as melhores flores para fabricar o seu mel. Vamos trabalhar juntas e depois vamos brincar no jardim.

Daquele dia em diante, Sem-mel começa a fabricar mel da melhor qualidade. Seu favinho está sempre cheio e passa a receber muitos elogios. Não quer mais saber de companhias de desconhecidos que a levavam para lugares perigosos e lhe ofereciam substâncias que prejudicam a saúde.

E Sem-mel faz seu trabalho com tanto carinho e cuidado, que suas amigas abelhas, observando sua dedicação ao trabalho, mudam o seu nome para Bom-mel.

Aos Pais e Evangelizadores

Uma linda e bem ilustrada história que, com muita facilidade, transfere à criança a noção do dever de cada um para o bem comum, atendendo à máxima de Jesus que nos ensina a amar o próximo como a nós mesmos, onde a preguiça e o egoísmo somente poderão nos trazer os maiores dissabores neste nosso caminho pela vida.

Sugestão de Atividades

Sugerimos aos pais e evangelizadores a prática de levar a criança a compreender a necessidade dos mais variados tipos de trabalho que são extremamente importantes para o bem-estar de uma coletividade, tomando, como exemplo, os mais simples, desde a limpeza das ruas e praças, a coleta do lixo, o trabalho dos operários, dos trabalhadores rurais, dos fabricantes, dos educadores e do próprio trabalho desenvolvido pelos pais.

Bibliografia e obras para consulta sobre o tema:

"O Evangelho Segundo o Espiritismo" – Allan Kardec

- O dever - Cap. XVII - item 7
- O maior mandamento - Cap. XI - item 1
- O egoísmo - Cap. XI - item 11
- O homem de bem - Cap. XII - item 3

"O Livro dos Espíritos" – Allan Kardec

Lei do trabalho – Livro Terceiro – Cap. III

Escreva sobre o que você achou deste livro. Comentários sobre a capa, as cores, o papel, a história, etc. Qualquer item. Dê a sua opinião.
comentarios@ideeditora.com.br

Mel-mel e Sem-mel são duas abelhinhas lindas e espertas.
Muuuuuito espertas!
Uma adora trabalhar. Outra adora zanzar.
Qual das duas você acha que é a mais esperta?
Tire suas conclusões lendo esta divertida história.
Mas, atenção! Muita atenção!
Uma de nossas amigas corre perigo!
Você pode ajudá-la?

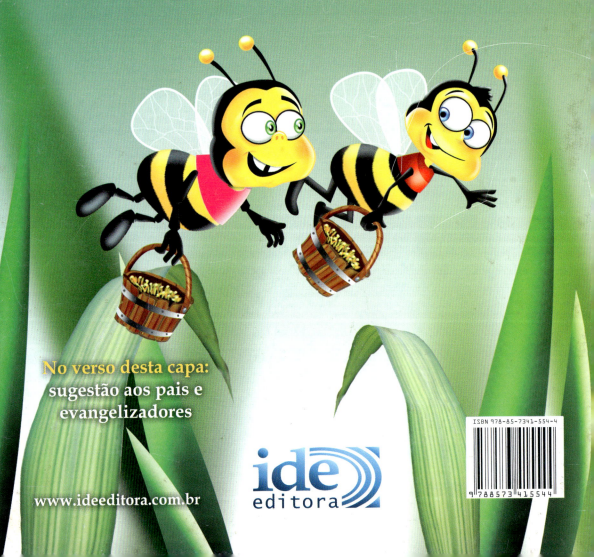

No verso desta capa:
sugestão aos pais e
evangelizadores

www.ideeditora.com.br

ide editora

ISBN 978-85-7341-554-4

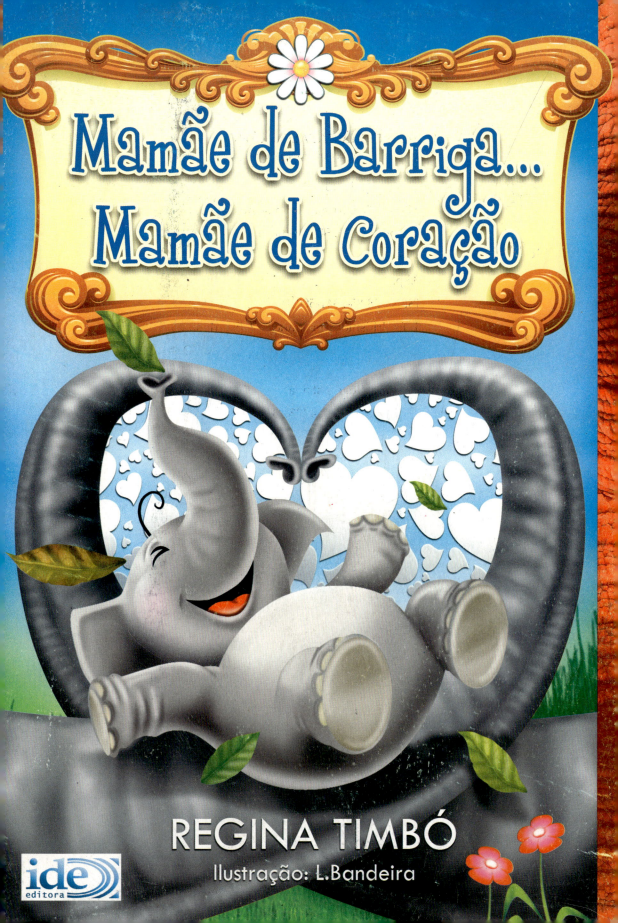

FICHA CATALOGRÁFICA
(Preparada na Editora)

T47m Timbó, Regina, 1969-
Mamãe de Barriga... Mamãe de Coração / Regina Timbó. Araras, SP, 1ª edição,
IDE, 2011.
32 p.
ISBN 978-85-7341-500-1

1. Espiritismo para crianças. 2. Espiritismo I. Título.
CDD -133.9024
-133.9

Índices para catálogo sistemático:
1. Espiritismo para crianças 133.9024
2. Espiritismo 133.9

Ilustração e Diagramação:

L. Bandeira

© 2011, Instituto de Difusão Espírita

2ª reimpressão - 2.000 exemplares - novembro/2013

INSTITUTO DE DIFUSÃO ESPÍRITA

Av. Otto Barreto, 1067 - Cx. Postal 110
CEP 13600-970 - Araras - SP - Brasil

Fone (19) 3543-2400 - Fax (19) 3541-0966
www.ideeditora.com.br

IDE Editora é apenas um nome fantasia
utilizado pelo Instituto de Difusão Espírita,
o qual detém os direitos autorais desta obra.

 IDE Editora é um departamento do INSTITUTO DE DIFUSÃO ESPÍRITA, entidade sem fins lucrativos, que promove extenso programa de assistência social aos necessitados de toda ordem.